Trainingssteuerung im Krafttraining mit einem Trainingsanfänger

Jonas Kiefer

GRIN ☺

Bibliografische Information der Deutschen Nationalbibliothek:

Die Deutsche Nationalbibliothek verzeichnet diese Publikation in der Deutschen Nationalbibliografie; detaillierte bibliografische Daten sind im Internet über http://dnb.d-nb.de abrufbar.

ISBN: 9783346754714
Dieses Buch ist auch als E-Book erhältlich.

Druck und Bindung: Books on Demand GmbH, Norderstedt Germany
Gedruckt auf säurefreiem Papier aus verantwortungsvollen Quellen

Das vorliegende Werk wurde sorgfältig erarbeitet. Dennoch übernehmen Autoren und Verlag für die Richtigkeit von Angaben, Hinweisen, Links und Ratschlägen sowie eventuelle Druckfehler keine Haftung.

Das Buch bei GRIN: https://www.grin.com/document/1290700

Deutsche Hochschule für
Prävention und Gesundheitsmanagement
Hermann-Neuberger-Sportschule 3
66123 Saarbrücken

Hausarbeit

Name, Vorname	Kiefer, Jonas
Studiengang	Bachelor of Arts Gesundheitsmanagement
Studienmodul	Trainingslehre 1
Datum Präsenzphase (siehe Ergebnisdokumentation)	14.02.2022-17.02.2022
Aufgabe	Erstellen einer Trainingsplanung für das Krafttraining über einen Zeitraum von mindestens sechs Monaten, auf Basis des Fünf-Stufen-Modells der Trainingssteuerung (Olivier et al., 2008, S. 55 ff.).

Inhaltsverzeichnis

1. Diagnose

Die benötigten allgemeinen und biometrischen Daten geben den Status quo zum Kunden wieder und werden auf der Grundlage eines Eingangsgespräches sowie eines speziellen Eingangstests erfasst und für die optimale individuelle Trainingssteuerung evaluiert.

1.1. Allgemeine und biometrische Daten

Tab. 1: Allgemeine Daten zum Kunden

Allgemeine Daten	
Alter	25 Jahre
Geschlecht	Männlich
Körpergröße	183cm
Körpergewicht	80kg
Trainingsmotive	-Kraftsteigerung für den Beruf -Muskelaufbau
Berufliche Tätigkeit	Fachlagerist
Aktuelle und frühere sportliche Aktivität	Keine
Zeitl. Verfügungsrahmen	3 Tage pro Woche, Eine Stunde pro Trainingseinheit

Tab. 2: Biometrische Daten zum Kunden

Biometrische Daten	
Blutdruckwerte	129/84 mmHg
Normwerte Blutdruck	120-139/80-89 mmHg (Mancia et al, 2013, S. 1286)
Bewertung/ Klassifikation der Blutdruckwerte	Normotonie (Mancia et al., 2013, S. 1286)
Weitere Daten zum Gesundheitszustand	Der Kunde hat keinerlei Beschwerden oder Einschränkungen
Bewertung der Daten im Hinblick auf Belastbarkeit bzw.Trainierbarkeit	Auf der Grundlage der biometrischen Daten kann abgeleitet werden, dass der Kunde voll belastbar und trainierbar ist.

1.2. Krafttestung

Die Krafttestung wird mit dem Kunden auf Grundlage des subjektiven Belastungsempfindens mithilfe der Borg-Skala (Borg 1998, 2004) durchgeführt. Der Kunde muss bei 1-RM- oder X-RM-Tests ein objektiv maximal realisierbares Gewicht für eine vorab definierte Wiederholungszahl überwinden. Dadurch entstehen hohe mechanische Belastungen, welche für den als Krafttrainingsbeginner einzustufenden Kunden durchaus mit gesundheitlichen Risiken verbunden sind. Einige Experten (Boeckh-Behrens, Buskies & Beier, 2002; Buskies et al., 1996; Buskies, 1999; Buskies & Boeckh-Behrens, 2009) empfehlen speziell für den Bereich des fitness- und gesundheitsorientierten Krafttrainings, von einer Krafttestung auf Basis eines 1-RM- oder X-RM-Tests abzusehen. Es wird alternativ vorgeschlagen, für eine fest definierte Wiederholungszahl, die Trainingsintensität auf Basis des subjektiven Belastungsempfindens des Kunden zu bestimmen (Trunz et al., 2002).

1.2.1. Testablauf

Zu Beginn wird zur Aktivierung des Herz-Kreislauf-Systems ein allgemeines Aufwärmprogramm auf einem Ergometer durchgeführt. Dieses allgemeine Aufwärmen sollte gerade für einen Trainingsbeginner nicht länger als 5 Minuten andauern, da sonst eine vorzeitige Ermüdung entstehen kann. Anschließend werden über ein spezielles Aufwärmen, in Form eines ersten Aufwärmsatzes, die am jeweiligen Gerät lokal beanspruchten Muskelgruppen und Gelenkstrukturen auf die anschließenden Testsätze vorbereitet. Hierbei wird eine submaximale Intensität von ca. 50% der im ersten Testsatz gewählten Gewichtslast angestrebt. Dieser Vorgang des speziellen Aufwärmens wird bei jeder einzelnen Übung, die im Rahmen der Krafttestung durchgeführt wird, angewandt. Der Krafttest besteht aus 3 Testsätzen mit einer Pausendauer von jeweils 3 Minuten. Das Einstiegsgewicht für den ersten Testsatz sowie die Intensitätssteigerungen von Testsatz zu Testsatz werden vom Trainer abgeschätzt und festgelegt. In jedem der Testsätze soll der Kunde nun 20 Wiederholungen durchführen. Das Kriterium zur Festlegung der maximalen Intensität ist für den Kunden das Erreichen eines subjektiven Belastungsempfindens von RPE 15-16 (Borg, 1998, 2004) bei der letzten Wiederholung. Die Einstufung des subjektiven Belastungsempfindens richtet sich nach der Borg Skala (Borg, 1998, 2004).

Tab. 3: Borg-Skala (modifiziert nach Borg, 2004, A1016; Löllgen, 2004, S.299)

Stufe	Subjektives Belastungsempfinden
6	
7	sehr, sehr leicht
8	
9	sehr leicht
10	
11	recht leicht
12	
13	etwas anstrengender
14	
15	anstrengend
16	
17	sehr anstrengend
18	
19	sehr, sehr anstrengend
20	

1.2.2. Testprotokoll

Die folgende Tabelle zeigt das Testprotokoll für die Krafttestung über das subjektive Belastungsempfinden. Die Übungen, welche im Sinne der Krafttestung eingesetzt werden, sind optimalerweise genau die Übungen, die im Mesozyklus 1 der Trainingsplanung vom Kunden durchgeführt werden.

Tab. 4: Testprotokoll für die Krafttestung und Intensitätsbestimmung über das subjektive Belastungsempfinden

Testübungen	Wdh.	Testsatz 1 (kg)	Testsatz 2 (kg)	Testsatz 3 (kg)	Ergebnis (kg)
Beinpresse am Gerät	20	40	45	50	50
Latzugmaschine	20	20	25	30	30
Brustpresse am Gerät	20	25	30	---	30
Rudermaschine	20	20	25	---	25
Bizepsmaschine	20	15	20	25	25
Rückenstrecker am Gerät	20	30	35	40	40
Bauchmaschine	20	25	30	---	30

1.2.3. Schlussfolgerung und Konsequenzen

Da sich in der Übungsauswahl für den Mesozyklus 1 alle Übungen aus der durchgeführten Krafttestung finden lassen, können die ermittelten Ergebnisse in Kilogramm (kg), direkt in die Trainingspraxis übernommen werden. Im Hinblick auf die weitere Trainingssteuerung ist zu berücksichtigen, dass kein interindividueller Leistungsvergleich möglich ist. Dies ist damit begründet, dass es eine zu hohe Zahl an Störgrößen auf das Testergebnis gibt und sich so keine Norm- bzw. Referenzwerte bilden können. Ein intraindividueller Leistungsvergleich im Sinne einer Messung der Kraftsteigerung ist jedoch möglich, wenn eine konsequente sowie exakte Standardisierung des Testablaufes, der Testmethodik und der allgemeinen Testrahmenbedingungen eingehalten wird.

Die Ergebnisse der Krafttestung können optimalerweise auf direktem Wege in die Krafttrainingspraxis etabliert werden und als zu Beginn eingesetztes Trainingsgewicht dienen. Somit ist die Möglichkeit einer Ableitung von Trainingsintensitäten durch das subjektive Belastungsempfinden gegeben.

2. Zielsetzung/Prognose

Tab. 5: Zielsetzung für den Kunden

	Inhalt	**Ausmaß**	**Zeit**
Ziel 1	Kraftsteigerung in der Rückenmuskulatur	Steigerung um 30%	6 Monate
Ziel 2	Kraftsteigerung in der Armbeugemuskulatur	Steigerung um 30%	6 Monate
Ziel 3	Muskelaufbau	2,5 kg	6 Monate

Eines der Trainingsmotive des Kunden ist es, eine Kraftsteigerung in der Rückenmuskulatur zu erreichen, um seinen beruflichen Belastungen als Fachlagerist besser standhalten zu können. Aufgrund der schweren Lasten, die der Kunde im Berufsalltag ventral vor sich hertragen muss, ist die Rückenmuskulatur unter einer hohen isometrischen Belastung um eine physiologische Körperhaltung zu bewahren. Aus diesem Grund wird als erstes Ziel eine Kraftsteigerung in der Rückenmuskulatur um 30% angestrebt. Dieses Ziel soll innerhalb des Makrozyklus erreicht werden.

Wie bereits im ersten Ziel erwähnt, muss der Kunde im Berufsalltag schwere Lasten tragen. Dies hat auch zur Folge, dass die Armbeugemuskulatur oft einer hohen isometrischen Belastung ausgesetzt ist. Daher soll, ähnlich zu Ziel 1, innerhalb des Makrozyklus eine Kraftsteigerung um 30% in jener Muskulatur erreicht werden.

Aus optischen Gründen möchte der Kunde subjektiv gesehene, positive morphologische Anpassungen über den Aufbau von Muskelmasse erzielen. Über die Dauer des Makrozyklus sollen 2,5 kg an Muskelmasse aufgebaut werden.

3. Makrozyklus

In der Trainingssteuerung kommt der Makrozyklusplanung eine wichtige Rolle zu. Ein Makrozyklus besitzt einen Zeithorizont von 4-12 Monaten und besteht aus 4-6 Mesozyklen, welche eine Dauer von 6-8 Wochen aufweisen. Ein Mesozyklus besteht wiederrum aus 6-8 Mikrozyklen, deren Zeithorizont bei nur einer Woche liegt.

Tab. 6: Makrozyklusplanung für den Kunden in Form eines induktiven trainingsmethodischen Ansatzes auf der Basis des subjektiven Belastungsempfindens.

Makrozyklus				
	Mesozyklus 1	**Mesozyklus 2**	**Mesozyklus 3**	**Mesozyklus 4**
Dauer	7	6	7	6
Trainingsziel	Kraftausdauer	Übergangstraining	Muskelaufbau (extensiv)	Muskelaufbau (intensiv)
Organisationsform	GK/Station	GK/Station	GK/Station	GK/Station
Häufigkeit/Woche	2-3	2-3	2-3	2-3
Übungen/Muskel	1-2	1-2	1-2	1-2
Sätze/Übung	1-2	1-2	1-2	1-2
Intensität	Borg-Skala 15-16	Borg-Skala 15-16	Borg-Skala 15-16	Borg-Skala 15-16
Satzpausen	45 Sekunden	60 Sekunden	90 Sekunden	120 Sekunden
Wiederholungen	15-20	12-15	8-12	6-8
Ausführungstempo	2/0/2	2/0/2	2/0/2	2/0/2

Das Trainingsprogramm wird innerhalb des Makrozyklus in Form einer linearen Periodisierung aufgebaut, welche laut Kraemer & Fleck (2007, S. 5-6) die klassische Form der Periodisierung im Krafttraining darstellt. Die lineare Periodisierung charakterisiert sich durch die im Laufe des Makrozyklus progressiv ansteigende Intensität in Form der Gewichtslast und einer synchronen progressiven Abnahme der Wiederholungszahlen (Kraemer & Fleck, 2007, S.6).

Aufbauend auf der Krafttestung wird eine Trainingsmethode auf der Basis des subjektiven Belastungsempfindens mithilfe der Borg-Skala (Borg, 1998, 2004) angewandt.

Im Kontext der Trainingshäufigkeit werden innerhalb eines Mikrozyklus 2-3 Trainingseinheiten absolviert. Zwar konnten Buskies und Boeckh-Behrens (2009) zeigen, dass eine Krafttrainingseinheit pro Woche bereits deutliche Effekte bei Krafttrainingsbeginnern hervorrufen kann, allerdings fallen diese Effekte bei 2-3 Trainingseinheiten pro Woche deutlich höher aus (Fincher, 2000).

Aufgrund des zeitlichen Verfügungsrahmens des Sportlers werden pro Muskelgruppe 1-2 Übungen durchgeführt. Für einen Trainingsbeginner stellt dies eine ausreichende, jedoch nicht überfordernde Belastung dar. Zudem soll einer Erhöhung des Cortisolspiegels, welche mit zu hoher Trainingsdauer und physischer Belastung einhergeht, entgegengewirkt werden. Dies führt zu immunsuppressiven Reaktionen beim Kunden (Wolf, 2012), welche im Fitness- und Gesundheitssport nicht in zu hohem Maße erwünscht sind.

Es wird grundsätzlich ein Mehrsatz-Training durchgeführt, welches laut Definition von Gießing und Preuss et al. (2005, S. 16) aus zwei oder mehr Sätzen je Übung besteht. Auf ein Einsatz-Training wird verzichtet, da mehrere Studien eine Überlegenheit des Mehrsatz-Trainings bezüglich der Kraftentwicklung aufweisen (Buskies & Boeckh-Behrens, 2009; Greiwing & Freiwald, 2005; Humburg, 2005; Kraemer, 1997; Marx et al., 2001; Paulsen et al., 2003; Pearson, Faigenbaum, Conley & Kraemer, 2000; Sanborn et al., 2000; Schlumberger et al., 2001).

Die Trainingsintensität wird subjektiv mithilfe der Borg-Skala (Borg, 1998, 2004) gesteuert. Der Kunde soll in einem Bereich von RPE 15-16 trainieren (Borg, 1998, 2004). Dies wird dadurch begründet, dass im Freizeit- und Gesundheitssport maximale Intensitäten eher kritisch gesehen werden (Buskies, 1999; Steininger & Buchbauer, 1994). In einer Untersuchung verglich Buskies (1999) die Trainingseffekte, hervorgerufen durch ein maximal ausbelastendes Training bis zum Muskelversagen mit den Ergebnissen eines eher sanften Krafttrainings, mit submaximaler Belastung. Zwar konnten durch ein maximal ausbelastendes Training deutlichere Kraftzuwächse erzielt werden, jedoch kam es dabei zu weitaus höheren kardiovaskulären Belastungen, wie dem Anstieg des systolischen Blutdrucks, der Herzfrequenz, und des Laktats. Aus diesem Grund eignet sich ein maximal ausbelastendes Training eher für den Leistungssport, als für den Fitness- und Gesundheitssport. Zudem ist bewiesen, dass auch ein submaximales Krafttraining zu signifikanten Kraftsteigerungen führen kann (Buskies, 1999).

Als Organisationsform wird ein Ganzkörpertraining durchgeführt. Aus den oben genannten negativen Effekten der Cortisolproduktion bei zu langer Trainingsdauer und deren Folgen sowie dem zeitlichen Verfügungsrahmen des Kunden, ist diese Organisationsform passabel.

Ein Split-Training wäre für den Kunden nicht förderlich, da er nur 3 Trainingstage zur Verfügung hat und somit nicht mindestens 2 Reize pro Muskelgruppe innerhalb des Mikrozyklus erzielen kann. Wirth, Aatzor und Schmidtbleicher (2007) konnten in einer Studie zwar feststellen, dass bereits eine Krafttrainingseinheit zu signifikanten Muskelmassezuwächsen bei Trainingsbeginnern führen kann, jedoch konnten bei 2-3 Trainingseinheiten deutlich größere Muskelmassezuwächse erzielt werden. Durch ein Ganzkörpertraining können diese optimalen 2-3 Reize pro Muskelgruppe erreicht werden.

4. Trainingsplanung Mesozyklus

Wie Schnabel et al. (1997, S.320) konstatieren, ist ein Mesozyklus ein Abschnitt des Trainings, welcher aus mehreren Mikrozyklen besteht und in seiner inhaltlichen, didaktisch-methodischen sowie belastungsmäßigen Grundstruktur im Trainingsprozess wiederkehrend ist.

Im Folgenden wird der Mesozyklus 1 für den Kunden tabellarisch dargestellt.

Tab. 7: Trainingsplanung Mesozyklus 1 für den Kunden

Mesozyklus 1 (Trainingsziel Kraftausdauer)							
Trainingseinheiten pro Woche	2-3						
Organisationsform	Ganzkörpertraining						
Übungen/Muskelgruppe	1-2						
Sätze/Übung	2-3						
Satzpausen	45 Sekunden						
Wiederholungszahl	15-20						
Intensitäten	15-16 lt. Borg Skala (Borg, 1998, 2004)						
Bewegungstempo	2/0/2						
Übungen							
	Woche 1(kg)	Woche 2(kg)	Woche 3(kg)	Woche 4(kg)	Woche 5(kg)	Woche 6(kg)	Woche 7(kg)
Beinpresse Am Gerät	50	/	/	/	/	/	/
Latzugmaschine	30	/	/	/	/	/	/
Brustpresse am Gerät	30	/	/	/	/	/	/
Rudermaschine	25	/	/	/	/	/	/
Bizepsmaschine	20	/	/	/	/	/	/
Rückenstrecker am Gerät	40	/	/	/	/	/	/
Bauchmaschine	30	/	/	/	/	/	/

Wie bereits in Kapitel 3 aufgezeigt, wird bezogen auf den Makrozyklus eine lineare Periodisierung angewendet, welche als die klassische Form der Periodisierung angesehen wird. Sie ist gekennzeichnet durch eine progressiv ansteigende Intensität mit gleichzeitiger Regression der Wiederholungszahlen (Kraemer & Fleck, 2007, S.6).

Aus diesem Grund charakterisiert sich der in der obigen Tabelle dargestellte Mesozyklus 1 mit dem Trainingsziel der Kraftausdauer.

Es wird ersichtlich, dass im ersten Mesozyklus ausschließlich an geführten Krafttrainingsgeräten trainiert wird. Dies liegt daran, dass in der Trainingspraxis des ersten Mesozyklus die identischen Übungen durchgeführt werden, welche in der Krafttestung Anwendung gefunden haben. Dies birgt den Vorteil, dass die aus der Krafttestung entsprungenen Ergebnisse, in Form von Gewichtslasten, direkt in die Trainingspraxis übernommen werden können.

Des Weiteren sind Übungen an geführten Maschinen für den Trainingsbeginner sehr geeignet. Sie besitzen eine geringe Übungsvarianz, die Übungsausführung kann standardisiert werden und es gibt nur einen geringen Einfluss koordinativer Prozesse auf die Kraftleistung.

Die Übungen sind nach dem Prinzip der Komplexität geordnet. Laut Bompa & Carrera (2005, S.69) sollten mehrgelenkige Übungen vor eingelenkigen Übungen ausgeführt werden, um eine Vorermüdung von Synergisten zu vermeiden. Aus der Übungsauswahl wird zudem ersichtlich, dass bestimmte Muskelgruppen wie die Rücken- und Armbeugemuskulatur umfangreicher beansprucht werden als andere Muskelgruppen. Die Begründung dafür liegt in den individuellen Zielen des Kunden, da er diese Muskelgruppen für seinen Berufsalltag priorisiert stärken möchte.

Übungsauswahl Mesozyklus 1

Beinpresse am Gerät: Diese Übung ist besonders sinnvoll, da innerhalb der Ausführung nahezu die gesamte Beinmuskulatur beansprucht wird.

Latzugmaschine: Bei dieser Übung wird vor allem der obere Rücken trainiert. Die Armbeugemuskulatur ist synergistisch aktiv.

Brustpresse am Gerät: Nun wird die Brustmuskulatur trainiert. Der Trizeps und die vordere Schultermuskulatur arbeiten als Synergisten.

Rudermaschine: Da der Kunde einen Fokus auf die Rückenmuskulatur legt, wird eine weitere Übung für den oberen Rücken durchgeführt. Die Armbeugemuskulatur, die hintere Schultermuskulatur, der mittlere Faserverlauf des Trapezius und die Rhomboiden werden synergistisch angesprochen.

Bizepsmaschine: Aufgrund bisher nur synergistischer Einsätze, werden die Armbeuger bei dieser Übung isoliert als Agonist trainiert.

Rückenstrecker am Gerät: In dieser Übung werden die Rumpfextensoren isometrisch beansprucht. Eine Stärkung dieser Muskulatur birgt für den Kunden, der im Arbeitsalltag häufig ventral heben und tragen muss, einen großen Nutzen.

Bauchmaschine: Um den Körper ganzheitlich zu trainieren, fehlt nun noch die Bauchmuskulatur. Sie ist auch sehr wichtig für die Stabilität des Rumpfes, vor allem wenn der Körper bei Krafteinwirkungen eine Hyperextension vermeiden muss.

5. Literaturrecherche

Tab. 8: Zusammenfassung der Studie Maximalkrafttraining bei postmenopausalen Frauen mit Osteoporose oder Osteopenie (Mosti et al., 2013)

Autoren	Mosti, Kaehler, Stunes, Hoff und Syversen
Publikation	2013
Forschungsfrage	In dieser Studie sollen die Auswirkungen eines Maximalkrafttrainings mit Squats auf das 1-RM, die Kraftentwicklungsrate (RFD) und knochenbezogene Parameter bei Patienten mit Osteoporose oder Osteopenie untersucht werden.
Versuchspersonen	21 Patienten mit Osteoporose oder Osteopenie meldeten sich freiwillig zur Teilnahme an der Studie. Bei jedem der Teilnehmer wurden Messungen innerhalb von 14 Tagen vor Studienbeginn und 5 Tage nach Beendigung der Studie gemessen. Die Teilnehmer wurden nach BMD-T-Score stratifiziert und nach dem Zufallsprinzip einer Trainingsgruppe (TG, n = 10) und einer Kontrollgruppe (CG, n = 11) zugeteilt.
Versuchsaufbau	Die TG absolvierte 12 Wochen lang ein überwachtes und betreutes, dreimal wöchentliches Maximalkrafttraining mit Squats, wobei der Schwerpunkt auf einer schnellen Einleitung des konzentrischen Teils der Bewegung lag. Die CG wurde dazu angehalten, aktuelle Trainingsrichtlinien zu befolgen. Gemessen wurden unter anderem das 1RM, die Kraftentwicklungsrate, der Knochenmineraldichte, der Knochenmineralgehalt und die serum bone metabolism markers; amino-terminales Typ-1-Kollagen Propeptid (P1NP) und Typ-1-Kollagen-C-Abbauprodukte (CTX). Bei der Nachuntersuchung blieben in jeder Gruppe 8 Teilnehmer für statistische Analysen.
Ergebnisse	Die TG verbesserte das 1-RM und die Kraftentwicklungsrate um 154 bzw. 52 %. Der Knochenmineralgehalt der Lendenwirbelsäule und des Oberschenkelhalses konnten um 2,9 und 4,9 % erhöht werden. Das Verhältnis von P1NP/CTX im Serum nahm tendenziell zu (p = 0,09), was auf eine Stimulierung der Knochenbildung hindeutet.
Schlussfolgerung	Abschließend kann festgehalten werden, dass ein Squat Maximalkrafttraining das 1-RM, die Kraftentwicklungsrate und skelettale Eigenschaften bei postmenopausalen Frauen mit Osteopenie oder Osteoporose verbessern konnte. Das Maximalkrafttraining stellt dementsprechend eine einfache und effektive Trainingsmethode für Patienten mit reduzierter Knochenmasse dar.

Tab. 9: Zusammenfassung der Studie Auswirkungen der Dauer eines Krafttrainings auf die Knochenmineraldichte von Patienten mit sekundärer Osteoporose nach Halbseitenlähmung (Han et al., 2016)

Autoren	Han, Li, Zhai, Guo und Chen
Publikation	2016
Forschungsfrage	Das Ziel der Studie war die Erforschung der Effekte der Krafttrainingsdauer auf die Knochenmineraldichte (BMD) von Patienten mit sekundärer Osteoporose nach Halbseitenlähmung.
Versuchspersonen	129 halbseitig gelähmte Schlaganfallpatienten, 75 Männer und 54 Frauen, im Alter von 50-75 Jahren, wurden für diese Studie ausgewählt. Die männlichen Patienten wurden nach dem Zufallsprinzip in die Gruppen M30, M60 und M90 (je 25 Patienten) unterteilt. Die weiblichen Patientinnen wurden ebenfalls nach dem Zufallsprinzip in Gruppen F30, F60 und F90 unterteilt.
Versuchsaufbau	Die männlichen Patienten mussten ein Krafttraining in einem aufgerichteten Bett durchführen, dessen Gesamtdauer davon abhing, in welcher Gruppe sie eingeteilt waren (M30=30 Minuten, M60=60 Minuten, M90=90 Minuten). Die weiblichen Patientinnen mussten ein Krafttraining im Stehen durchführen, dessen Gesamtdauer ebenfalls davon abhing, in welcher Gruppe die Patientinnen eingeteilt waren (F30=30 Minuten, F60=60 Minuten, F90=90 Minuten). Nach 3 Monaten Training, wurde die Knochenmineraldichte (BMD) an der anteroposterioren Lendenwirbelsäule (L1-L4) und am ipsilateralen Oberschenkelhals mittels Dual-Energy-Röntgenabsorptiometrie untersucht.
Ergebnisse	Im Vergleich zum Zeitpunkt vor der Behandlung wurde nach 3 Monaten bei den Männern, die täglich ein 30-minütiges Krafttraining (Gruppe M30) absolvierten, kein statistischer Unterschied im Hinblick auf die Knochenmineraldichte (BMD) gefunden. Dagegen wurde nach 3 Monaten eine signifikante Zunahme der Knochenmineraldichte (BMD) in der Lendenwirbelsäule und im Oberschenkelhals in den Gruppen M60 und M90 (aller Teilnehmer) festgestellt. Durch paarweisen Vergleich konnte festgestellt werden, dass die Knochenmineraldichte (BMD) in der Lendenwirbelsäule und am Oberschenkelhals signifikant höher war in den Gruppen M60 vs. M30 und in den Gruppen M90 vs. M60 ($p<0,05$). Bei den weiblichen Probandinnen, konnte in der Gruppe F90, durch ein tägliches 90-minütiges Krafttraining eine signifikant erhöhte Knochenmineraldichte (BMD) in Lendenwirbelsäule und am Oberschenkelhals erreicht werden($p<0,05$). Dagegen führte in den Gruppen F30 und F60 ein tägliches 30- oder 60-minütiges Krafttraining nicht zu einer ähnlichen Verbesserung nach 3 Monaten. Ein paarweiser Vergleich ergab eine signifikant höhere Knochenmineraldichte (BMD) in der Lendenwirbelsäule und im Oberschenkelhals in den Gruppen F90 vs. F60 nach 3 Monaten Behandlung ($p<0.05$)
Schlussfolgerung	Zusammenfassend lässt sich sagen, dass zur Stimulierung der Knochenmineraldichte (BMD) und zur Umkehrung der Osteoporose bei Patienten mit sekundärer Osteoporose nach einer Hemiplegie, ein tägliches Krafttraining von mindestens 60 bzw. 90 Minuten für Männer wie auch für Frauen erforderlich ist.

6. Literaturverzeichnis

Olivier, N., Marschall, F. & Büsch, D. (2008). *Grundlagen der Trainingswissenschaft und-lehre*. Schorndorf: Hofmann.

Mancia, G., Fagard, R., Narkiewicz, K., Redòn, J., Zanchetti, A., Böhm, M. et al. (2013). 2013 ESH/ESC Guidelines for the management of arterial hypertension. The task force for the management of arterial hypertension of the European Society of Hypertension (ESH) and of the European Society of Cardiology (ESC). *Journal of hypertension, 31* (7), 1281–1357.

Borg, G. (1998). *Borg's perceived exertion and pain scales*. Champaign, Ill: Human Kinetics.

Borg, G. (2004). Anstrengungsempfinden und körperliche Aktivität. *Deutsches Ärzteblatt, 101* (15), A1016-1021.

Löllgen, H. (2004). Das Anstrengungsempfinden (RPE, Borg-Skala). *Deutsche Zeitschrift für Sportmedizin, 55* (11), 299–300.

Boeckh-Behrens, W. U., Buskies, W. & Beier, P. (2002). *Fitness-Krafttraining. Die besten Übungen und Methoden für Sport und Gesundheit* (6. Aufl.). Reinbek bei Hamburg: Rowohlt.

Buskies, W., Boeckh-Behrens, W. U. & Zieschang, K. (1996). Möglichkeiten der Intensitätssteuerung im gesundheitsorientierten Krafttraining. *Zeitschrift für Sportwissenschaft, 26* (2), 170–183.

Buskies, W. (1999). Sanftes Krafttraining nach dem subjektiven Belastungsempfinden versus Training bis zur muskulären Ausbelastung. *Deutsche Zeitschrift für Sportmedizin, 50* (10), 316–320.

Buskies, W. & Boeckh-Behrens, W.-U. (2009). *Fitness-Gesundheits-Training. Die besten Übungen und Programme für das ganze Leben* (Bd. 61084). Reinbek bei Hamburg: Rowohlt.

Trunz, E., Freiwald, J. & Konrad, P. (2002). *Fit durch Muskeltraining*. Hamburg: Rowohlt.

Kraemer, W. J. & Fleck, S. J. (2007). *Optimizing strength training. Designing nonlinear periodization workouts*. Champaign, Ill: Human Kinetics.

Fincher, G. E. (2000). One set of repetitions is better than three. *Medicine and science in sports and exercise, 32* (5), 657.

Wolf, M. (2012). *Die regulatorische Rolle von Cortisol und Wachstumshormon auf die Zytokinproduktion humaner T-Lymphozyten und die Th1/Th2-Balance*. Dissertation. Medizinische Fakultät der Universität zu Lübeck.

Gießing, J., Preuss, P., Greiwing, A., Goebel, S., Müller, A., Schischek, A. et al. (2005). Fundamental definitions of decisive training parameters of single-set training and multiple-set training for muscle hypertrophy. In J. Gießing, M. Fröhlich & P. Preuss (Hrsg.), *Current results of strength training research. An empirical and theoretical approach* (1. Aufl, S. 9–23). Göttingen: Cuvillier.

Greiwing, A. & Freiwald, J. (2005). Effects of three resistance training methods on maximal strength endurance and muscle thickness of the m. quadriceps femoris. In J. Gießing, M. Fröhlich & P. Preuss (Hrsg.), *Current results of strength training research. An empirical and theoretical approach* (1. Aufl, S. 65–79).

Humburg, H. (2005). 1-Satz- vs. 3-Satz-Training. *Die Auswirkungen des Krafttrainingsvolumens auf Maximalkraft, Kraftausdauer, Muskeldicke und neuronale Faktoren*. Dissertation. Universität Hamburg, Hamburg.

Kraemer, W. J. (1997). A series of studies: The physiological basis for strength training in American football: fact over philosophy. *Journal of Strength and Conditioning Research, 11* (3), 131–142.

Marx, J. O., Ratamess, N. A., Nindl, B. C., Gotshalk, L. A., Volek, J. S., Dohi, K. et al. (2001). Low-volume circuit versus high-volume periodized resistance training in women. *Medicine and science in sports and exercise, 33* (4), 635–643.

Paulsen, G., Myklestad, D. & Raastad, T. (2003). The influence of volume of exercise on early adaptations to strength training. *Journal of Strength and Conditioning Research, 17* (1), 115–120.

Pearson, D., Faigenbaum, A. D., Conley, M. & Kraemer, W. J. (2000). The national strength and conditioning association's basic guidelines for the resistance training of athletes. *Strength and Conditioning Journal, 22* (4), 14–27.

Sanborn, K., Boros, R., Hruby, J., Schilling, B., O'Bryant, H. S. & Johnson, R. L. (2000). Short-term performance effects of weight training with multiple sets not to failure vs. a single set to failure in women. *Journal of Strength and Conditioning Research, 14* (3), 328–331.

Schlumberger, A., Stec, J. & Schmidtbleicher, D. (2001). Single- vs. multiple-set strength training in women. *Journal of Strength and Conditioning Research, 15* (3), 284–289.

Steininger, K. & Buchbauer, J. (1994). *Funktionelles Kraftaufbautraining in der Rehabilitation.* Oberhaching: Gesundheitsdialog.

Wirth, K., Aatzor, K. R. & Schmidtbleicher, D. (2007). Veränderungen der Muskelmasse in Abhängigkeit von Trainingshäufigkeit und Leistungsniveau. *Deutsche Zeitschrift für Sportmedizin, 58* (6), 178–183.

Schnabel, G., Harre, D. & Borde, A. (Hrsg.). (1997). *Trainingswissenschaft. Leistung - Training - Wettkampf. Die Studienausgabe*: SVB Sportverlag Berlin GmbH.

Bompa, T. O. & Carrera, M. C. (2005). *Periodization training for sports. Science-based strength and conditioning plans for 20 sports* (2. ed.). Champaign, IL: Human Kinetics.

Mosti MP, Kaehler N, Stunes AK, Hoff J, Syversen U. Maximal strength training in postmenopausal women with osteoporosis or osteopenia. *Journal of Strength Conditioning Research, 27* (10), 2879-2886.

Han, L., Li, S. G., Zhai, H. W., Guo, P. F., & Chen, W. (2017). Effects of weight training time on bone mineral density of patients with secondary osteoporosis after hemiplegia. *Experimental and therapeutic medicine, 13* (3), 961–965.

7. Tabellenverzeichnis